Schule - sukuu	2
Reise - akwantuo	5
Transport - ɛhyɛn	8
Stadt - kuropɔn	10
Landschaft - asaase	14
Restaurant - adidibea	17
Supermarkt - dwakeseɛmu	20
Getränke - nsa	22
Essen - aduane	23
Bauernhof - afuo	27
Haus - efie	31
Wohnzimmer - ɛdan a wɔtena mu	33
Küche - gyaade	35
Badezimmer - adwareɛ	38
Kinderzimmer - abɔfra dan mu	42
Kleidung - ataadeɛ	44
Büro - ɔfise	49
Wirtschaft - sikasem	51
Berufe - nnwuma ahodoɔ	53
Werkzeuge - akadeɛ	56
Musikinstrumente - mfidie a wɔde bɔ nnwom	57
Zoo - mmoakurabea	59
Sport - agokansie	62
Aktivitäten - dwumadie ahodoɔ	63
Familie - abusua	67
Körper - nipadua	68
Krankenhaus - asopiti	72
Notfall - putupru	76
Erde - Ewiase	77
Uhr - mmerɛ kyerɛfoɔ	79
Woche - nnawɔtwe	80
Jahr - afe	81
Formen - bɔbea	83
Farben - ahosuo	84
Gegenteile - abirabɔ	85
Zahlen - nɔma	88
Sprachen - kasa ahodoɔ	90
wer / was / wie - hwan/aden/ sɛn	91
wo - hefa	92

Impressum
Verlag: BABADADA GmbH, Nedderfeld 112 , 22529 Hamburg
Geschäftsführer / Verlagsleitung: Harald Hof
Druck: Books on Demand GmbH, In de Tarpen 42, 22848 Norderstedt

Imprint
Publisher: BABADADA GmbH, Nedderfeld 112 , 22529 Hamburg, Germany
Managing Director / Publishing direction: Harald Hof
Print: Books on Demand GmbH, In de Tarpen 42, 22848 Norderstedt

Schule
sukuu

dividieren — kyɛmu
Tafel — bɔɔdo
Klassenzimmer — adesua dan mu
Schulhof — sukuu asaase
Lehrer — ɔkyerɛkyerɛni
Papier — krataa
schreiben — twerɛ
Stift — twerɛdua
Schreibtisch — pono
Lineal — susudua
Buch — nwoma
Schüler — sukuuni

Ranzen
baage

Federmappe
adeɛ wɔde twerɛdua hyɛ mu

Bleistift
twerɛdua

Bleistiftanspitzer
adea wɔde sensene twerɛdua ano

Radiergummi
rɔba

Zeichenblock
drɔɔwin nkrataa

Zeichnung
drɔɔwin

Pinsel
adeɛ a wɔde bɔ akaadoo mu

Malkasten
akaadoo adaka

Schere
apasoɔ

Klebstoff
aduro a wɔde sɔ nnoɔma bɔ mu

Übungsheft
krataa wɔyɛ dwumadie wɔ mu

Hausaufgabe
efie adwuma

Zahl
nɔma

addieren
ka bom

subtrahieren
te frim

multiplizieren
fabaho

rechnen
bo ho nkonta

Buchstabe
atwerɛdeɛ

Alphabet
atwerɛdeɛ

Wort
asɛm

Schule - sukuu

Text	lesen	Kreide
atwerɛ	kan	chalk
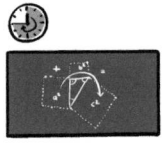		
Stunde	Klassenbuch	Prüfung
adesua	krataa a din ahodoɔ wɔ mu	nsɔhwɛ

Zeugnis	Schuluniform	Ausbildung
nimdeɛ krataa	sukuu ataadeɛ	adesua

Lexikon	Universität	Mikroskop
encyclopedia	suapon kɛseɛ	afidie a wɔde hwɛ adeɛ aniwa ntumi nhunu
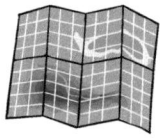		
Karte	Papierkorb	
asaase mfonin a ɛwɔ krataa so	kɛntɛn a wɔde krataa na ayɛ a wɔde nwura gu mu	

Schule - sukuu

Reise
akwantuo

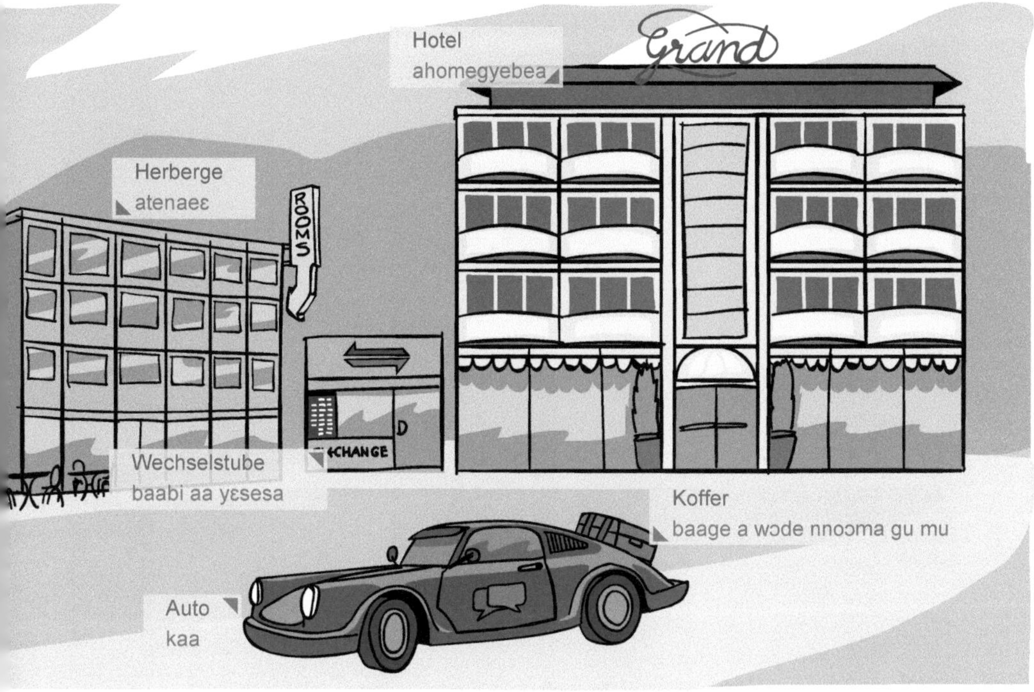

Hotel
ahomegyebea

Herberge
atenaeɛ

Wechselstube
baabi aa yɛsesa

Koffer
baage a wɔde nnooma gu mu

Auto
kaa

Sprache
kasa

ja / nein
aane / daabi

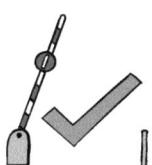

Okay
Yoo

Hallo
hɛlo

Übersetzer
deɛ wɔkyerɛkyerɛ kasa ase

Danke
Medaase

Reise - akwantuo

Was kostet…?
… ɛyɛ sɛn?

Ich verstehe nicht
Menteaseɛ

Problem
ɔhaw

Guten Abend!
Maadwo!

Guten Morgen!
Maakye!

Gute Nacht!
Da yie!

Auf Wiedersehen
nante yie

Richtung
akwankyerɛ

Gepäck
nnooma a wode tu kwan

Tasche
kotokuo

Rucksack
baage a yɛde bɔ yakyi

Gast
ɔhɔhoɔ

Zimmer
danmu

Schlafsack
bag a yɛda mu

Zelt
ntomadan

Reise - akwantuo

Touristeninformation	Strand	Kreditkarte
adesrafoɔ nsɛm	po ano	krɛdit kaade

Frühstück	Mittagessen	Abendessen
anopa aduane	awia aduane	anwumerɛ aduane

Fahrkarte	Fahrstuhl	Briefmarke
tikiti	pagya	agyinahyɛdeɛ

Grenze	Zoll	Botschaft
ɛhyeɛ	adwumayɛfoɔ a wɔgyina aman mmienu hyeɛ so	ɔman bi asoeɛ

Visum	Pass	
akwantuo krataa	akwantuo krataa	

Reise - akwantuo

Transport
ɛhyɛn

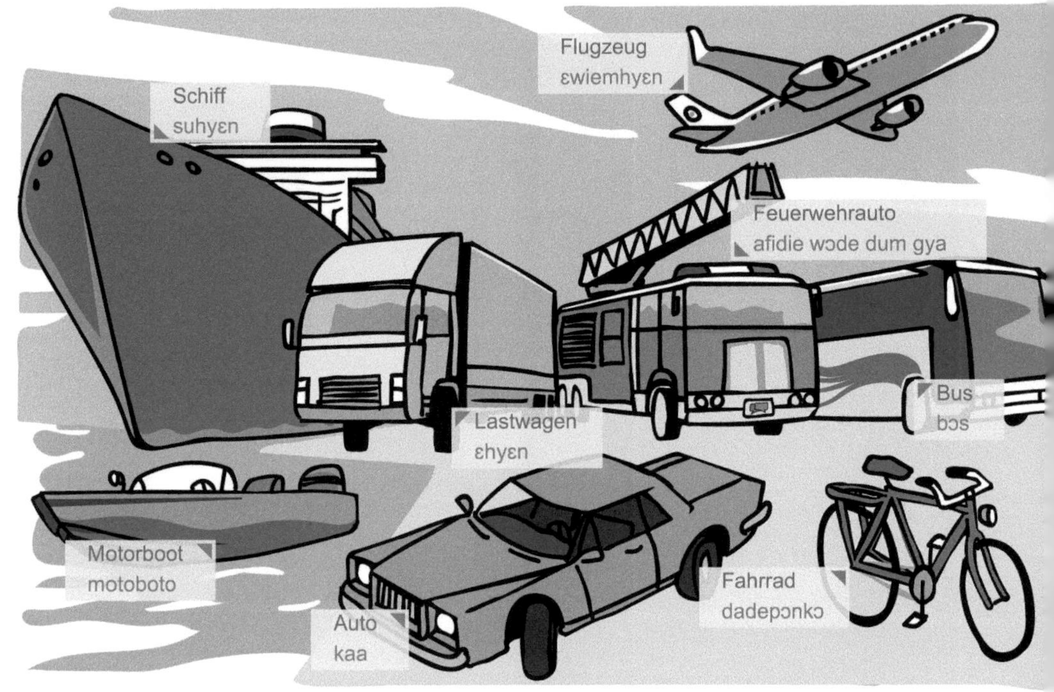

Flugzeug
ɛwiemhyɛn

Schiff
suhyɛn

Feuerwehrauto
afidie wɔde dum gya

Bus
bɔs

Lastwagen
ɛhyɛn

Motorboot
motoboto

Fahrrad
dadepɔnkɔ

Auto
kaa

Fähre
subonto

Boot
suhyɛn

Motorrad
dadepɔnkɔ

Polizeiauto
apolisifoɔ kaa

Rennauto
kaa a wɔde si akan

Mietwagen
hyɛn aa yɛ hain

Carsharing

kaa a wɔde ma obi de di dwuma

Abschleppwagen

kaa a wɔde twe ɛhyɛn a asɛe

Müllauto

bɔɔla kaa

Motor

moto

Kraftstoff

ngo

Tankstelle

beaɛ a wɔtɔn pɛtro

Verkehrsschild

trafik ahyɛnsodeɛ

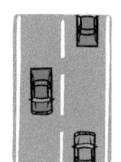

Verkehr

trafik

Stau

ɛhyɛn ntumi nkɔ ntɛm

Parkplatz

kaa gyinabea

Bahnhof

keteke steshin

Schienen

ketekye kwan

Zug

ketekye

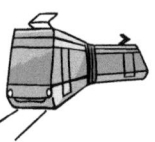

Straßenbahn

ketekye

Wagon

afidie a wɔtena mu wɔ wiem tu kwan

Transport - ɛhyɛn

Helikopter
ewiemhyɛn

Flughafen
dadeɛanoma gyinabea

Tower
dan tentene

Passagier
obi a wɔforo hyɛn

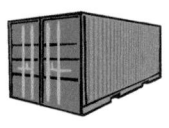
Container
adaka

Karton
adaka

Karren
teaseɛnam

Korb
kɛntɛn

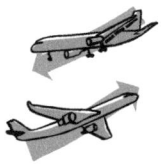
starten / landen
tu / si fam

Stadt
kuropɔn

Dorf
akurase

Stadtzentrum
kuropɔn hyiabea

Haus
efie

Stadt - kuropɔn

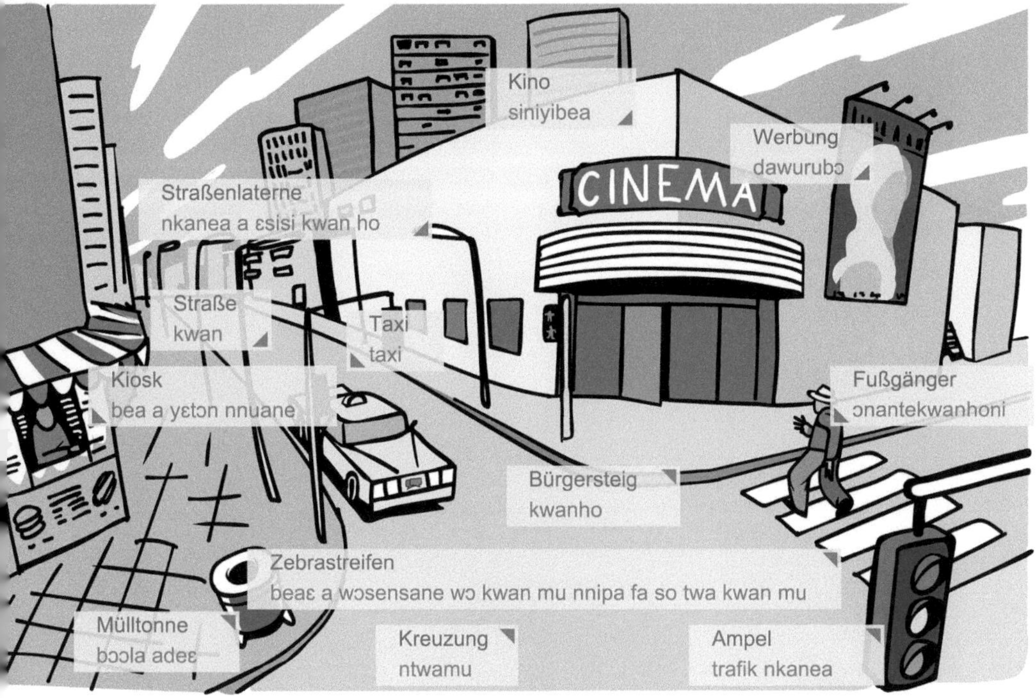

Kino
siniyibea

Werbung
dawurubɔ

Straßenlaterne
nkanea a ɛsisi kwan ho

Straße
kwan

Taxi
taxi

Kiosk
bea a yɛtɔn nnuane

Fußgänger
ɔnantekwanhoni

Bürgersteig
kwanho

Zebrastreifen
beaɛ a wɔsensane wɔ kwan mu nnipa fa so twa kwan mu

Mülltonne
bɔɔla adeɛ

Kreuzung
ntwamu

Ampel
trafik nkanea

Hütte
ntaabodan

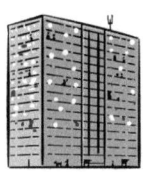

Wohnung
tenabea

Bahnhof
keteke steshin

Rathaus
kurom nhyiadanmu

Museum
mesiɔm

Schule
sukuu

Stadt - kuropɔn

Universität

suapon kɛseɛ

Bank

sikakorabea

Krankenhaus

asopiti

Hotel

ahomegyebea

Apotheke

beaɛ a wɔtɔn nnuro

Büro

ɔfise

Buchhandlung

beaɛ a wɔtɔn nwoma

Geschäft

beaɛ a wɔtɔn adeɛ

Blumenladen

nhwiren kuani

Supermarkt

dwakɛseɛmu

Markt

dwamu

Kaufhaus

asoeɛ sotɔɔ

Fischhändler

nnam tɔnfo

Einkaufszentrum

adetɔ beae

Hafen

suhyɛn gyinabea

Stadt - kuropɔn

Park
agodibea

Bank
akonnwa

Brücke
nsamsoɔ

Treppe
ndeɛ wɔee foro aborosan

U-Bahn
asaasease

Tunnel
tɔkuro a w'atu no asaase mu de ayɛ kwan

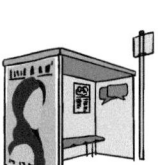

Bushaltestelle
ɛhyɛn gyinabea

Bar
nsanombea

Restaurant
adidibea

Briefkasten
krataa adaka

Straßenschild
kwan ahyɛnsodeɛ

Parkuhr
kaagyinaho meta

Zoo
mmoakurabea

Badeanstalt
nsuo a wɔdware mu

Moschee
masalakyi

Stadt - kuropɔn

Bauernhof
afuo

Umweltverschmutzung
ewiem sɛeɛ

Friedhof
nsamanpɔ mu

Kirche
asore

Spielplatz
agodibea

Tempel
hyiadan

Landschaft
asaase

- Blatt — ahaban
- Wegweiser — akyerɛkyerɛkwan
- Weg — kwan
- Wiese — sare asaase
- Stein — boba
- Baum — dua
- Wanderer — pipo so foronii
- Fluss — asubɔntene
- Gras — nsensan
- Blume — nhwiren

Tal

ɛbon

Berg

bepɔ

See

sutadeɛ

Wald

kwaeɛ

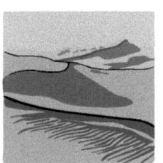

Wüste

ɛserɛ so

Vulkan

egya a ɛfiri bepɔ mu ba

Schloss

ahenfie

Regenbogen

nyankontɔn

Pilz

mmire

Palme

abɛdua

Moskito

ntontom

Fliege

wasena

Ameise

ntatea

Biene

wowa

Spinne

ananse

Landschaft - asaase

Käfer
kukurubibi

Frosch
apɔnkyerɛnee

Eichhörnchen
opuro

Igel
kotoko

Hase
adanko

Eule
patuo

Vogel
anomaa

Schwan
dabodabo

Wildschwein
kɔkɔte

Hirsch
wansane

Elch
torɔm

Staudamm
sutadeɛ

Windrad
mframa tɛɛbain

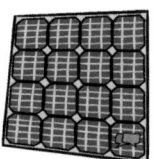
Solarmodul
adeɛ ɛtwe anyinam ahoden
firi awia mu

Klima
ewiem

16 Landschaft - asaase

Restaurant
adidibea

Kellner — barima a wɔsom wɔ beaɛ a wɔtɔn aduane

Speisekarte — aduane ahodoɔ wɔtɔn

Stuhl — akonwa

Suppe — nkwan

Pizza — pizza

Besteck — atere ne nsikan a wɔde didie

Tischdecke — ntoma a wɔde kata ɛpono so

Vorspeise
ahyɛaseɛ

Hauptgericht
aduane titriw

Nachspeise
nnɔkɔnnɔkwade

Getränke
nsa

Essen
aduane

Flasche
toa

Fastfood
aduane wɔyɛ no ɔhare so

Streetfood
aduana a ɛyɛ kwan ho

Teekanne
tea kukuo

Zuckerdose
asikyire kyɛnsen

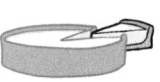

Portion
fa

Espressomaschine
espresso afidie

Hochstuhl
akonwa tenten

Rechnung
ka krataa

Tablett
apanpan

Messer
sikanmoa

Gabel
adinam

Löffel
atere

Teelöffel
tea atere

Serviette
ntoma a wɔde sɛ pono so

Glas
ahwehwɛ

Restaurant - adidibea

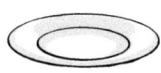
Teller
plɛɛte

Suppenteller
nkwan plɛɛte

Untertasse
plɛte ketewa

Sauce
frɔyɛ

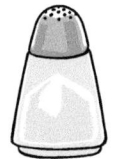
Salzstreuer
nkyene kukuo

Pfeffermühle
adeɛ a wɔde twi mako

Essig
vinegar

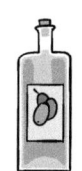
Öl
anwa

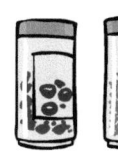
Gewürze
atosodeɛ

Ketchup
ketchup

Senf
sinapi aba

Mayonnaise
mayonis

Restaurant - adidibea

Supermarkt

dwakɛseɛmu

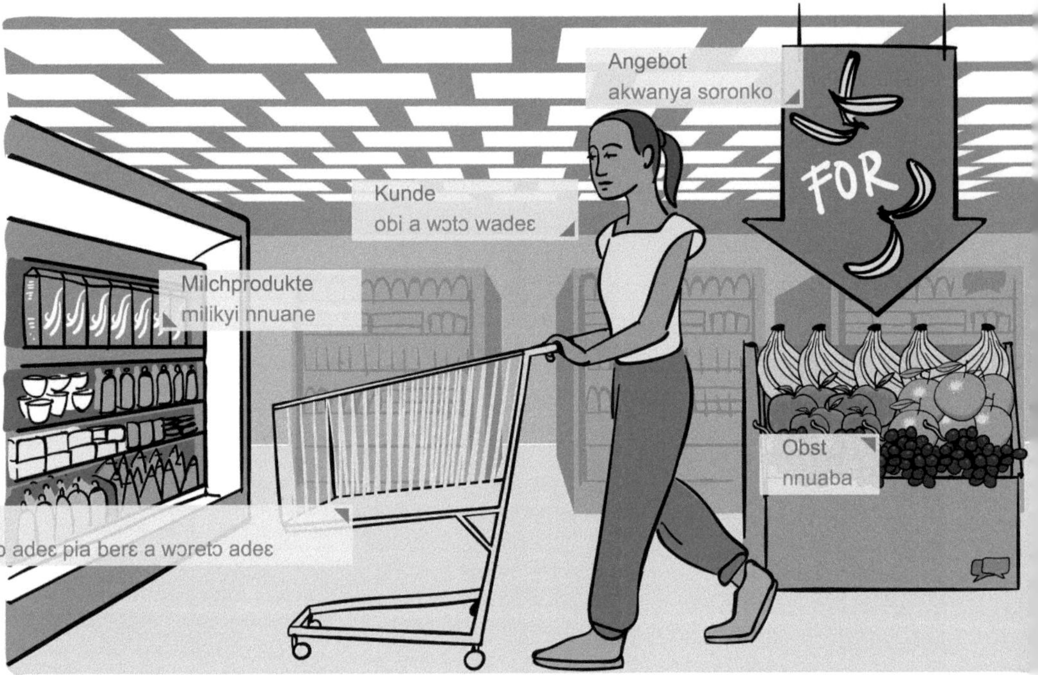

Angebot
akwanya soronko
FOR
Kunde
obi a wɔtɔ wadeɛ
Milchprodukte
milikyi nnuane
Obst
nnuaba
ɔ adeɛ pia berɛ a wɔretɔ adeɛ

BUTCHERS

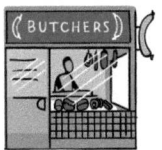

Schlachterei

nnamtwafo

BAKERY

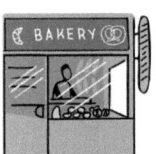

Bäckerei

brodotofo

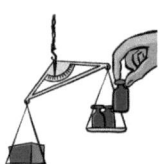

wiegen

susu

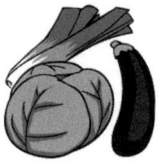

Gemüse

atosodeɛ

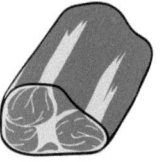

Fleisch

nnam

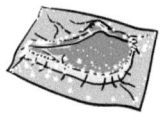

Tiefkühlkost

aduane a wɔde ahyɛ sukɔtwea adaka mu

Aufschnitt
nnam a yɛy nwunu

Konserven
nnuane a ɛwɔ konku mu

Waschmittel
aduro a wɔde si nnooma

Süßigkeiten
adɔkɔkɔdɔkɔdeɛ

Haushaltsartikel
efie nnooma

Reinigungsmittel
nnuro a wɔde hohoro nnooma ho

Verkäuferin
adetɔni

Kasse
adeɛ a wɔgye sika de gu mu

Kassierer
obi a wɔhwɛ sika so

Einkaufsliste
nnooma a wobɛtɔ

Öffnungszeiten
mmerɛ a ɔmo de bue

Brieftasche
kɔtɔkuo

Kreditkarte
krɛdit kaade

Tasche
botɔ

Plastiktüte
rɔba botɔ

Supermarkt - dwakɛseɛmu

Getränke
nsa

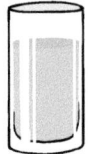

Wasser
nsuo

Saft
aduaba mu nsuo

Milch
milikyi

Cola
coke

Wein
nsa

Bier
beer

Alkohol
nsaden

Kakao
kookoo

Tee
tea

Kaffee
kɔfe

Espresso
espresso

Cappuccino
cappuccino

Essen
aduane

Banane
kwadu

Apfel
aprɛ

Orange
akutuo

Melone
mɛlɔn

Zitrone
akutuo

Karotte
karɔt

Knoblauch
galeke

Bambus
mpampuro

Zwiebel
gyeene

Pilz
mmire

Nüsse
nkateɛ

Nudeln
talia

Essen - aduane

Spaghetti	Reis	Salat
talia	ɛmo	salad

Pommes frites	Bratkartoffeln	Pizza
kyips	aborodwomaa w'akye	pizza

Hamburger	Sandwich	Schnitzel
hamburger	sandwich	ntwetwade

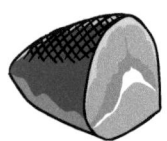

Schinken	Salami	Wurst
prɛko nam	salami	sɔsegye

Huhn	Braten	Fisch
akokɔnam	toto	nsuomunam

Essen - aduane

Haferflocken
oats koko

Müsli
muesli

Cornflakes
cornflakes

Mehl
esam

Croissant
croissant

Brötchen
brodo a yabobɔ

Brot
brodo

Toast
ho

Kekse
biskit

Butter
bɔta

Quark
koko

Kuchen
ɔfam

Ei
kosua

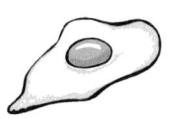
Spiegelei
kosua a yakye

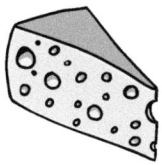
Käse
kyeese

Essen - aduane

Eiscreme	Zucker	Honig
ise krim	asikyire	ɛwoɔ

Marmelade	Nougat-Creme	Curry
ɛam	kyɔkolate a wɔde yɛ aduane mu	kɔri

Essen - aduane

Bauernhof
afuo

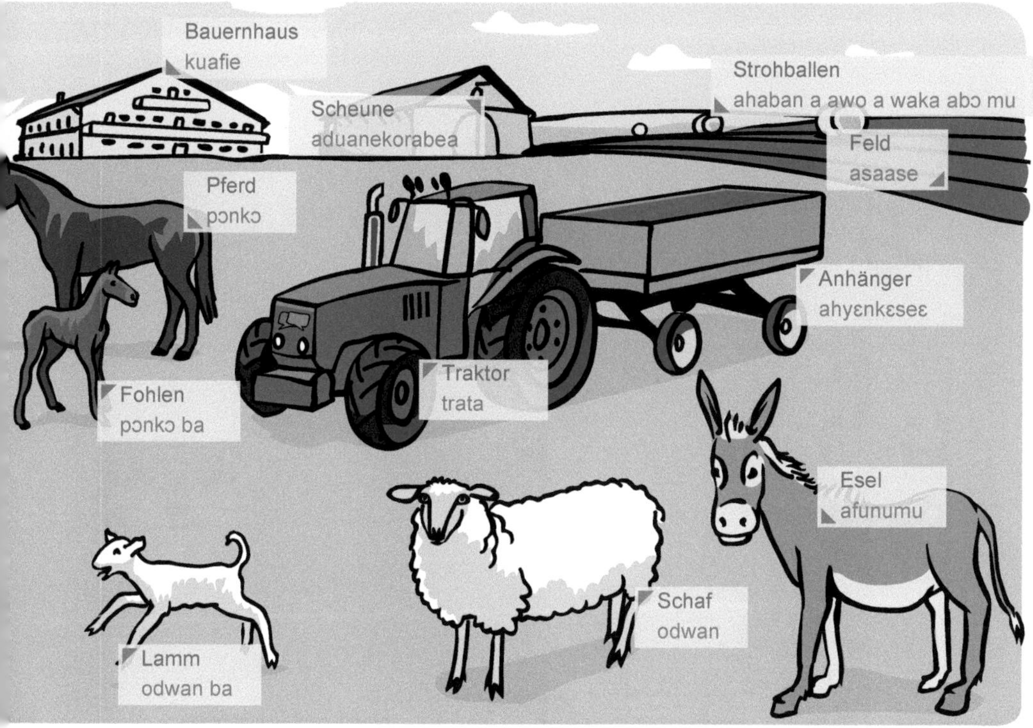

- Bauernhaus — kuafie
- Scheune — aduanekorabea
- Strohballen — ahaban a awo a wakа abɔ mu
- Feld — asaase
- Pferd — pɔnkɔ
- Anhänger — ahyɛnkɛseɛ
- Fohlen — pɔnkɔ ba
- Traktor — trata
- Esel — afunumu
- Lamm — odwan ba
- Schaf — odwan

Ziege
apɔnkye

Kuh
nantwie

Kalb
nantwie ba

Schwein
prɛko

Ferkel
prɛko ba

Bulle
nantwinini

Gans
dabodabo

Ente
dabodabo

Küken
akokɔba

Huhn
akokɔbedeɛ

Hahn
akokɔnini

Ratte
akura

Katze
agyinamoa

Maus
akura

Ochse
nantwi

Hund
ɔkraman

Hundehütte
kramanfie

Gartenschlauch
drobɛn a wɔde nsuo fa mu gugu nnɔɔma so

Gießkanne
toa wɔde nsuo gu mu de gugu nnɔɔma so

Sense
kantankrankyi

Pflug
afidie a wɔde funtum asaase ani

Bauernhof - afuo

Sichel
sɔsɔwa

Hacke
asɔ

Mistgabel
fɔɔki kɛseɛ

Axt
akuma

Schubkarre
hweebaro

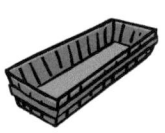
Trog
adea mmoa didi mu

Milchkanne
milikyi konku

Sack
kotoku

Zaun
ɛban

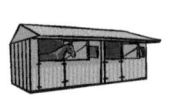
Stall
mmoa dan

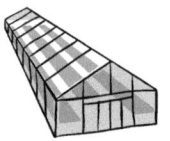
Treibhaus
nnuaba dan mu

Boden
anwea

Saat
aba

Dünger
nnuro a wɔde gu mfudeɛ ho

Mähdrescher
nnuanetwa kaa kɛse

ernten
twa

Ernte
mfudeɛ

Yamswurzel
bayerɛ

Weizen
ayuo

Soja
soya

Kartoffel
aborɔdwomaa

Mais
aburo

Raps
rapedua aba

Obstbaum
aduaba dua

Maniok
bankye

Getreide
aburo aduane

Haus
efie

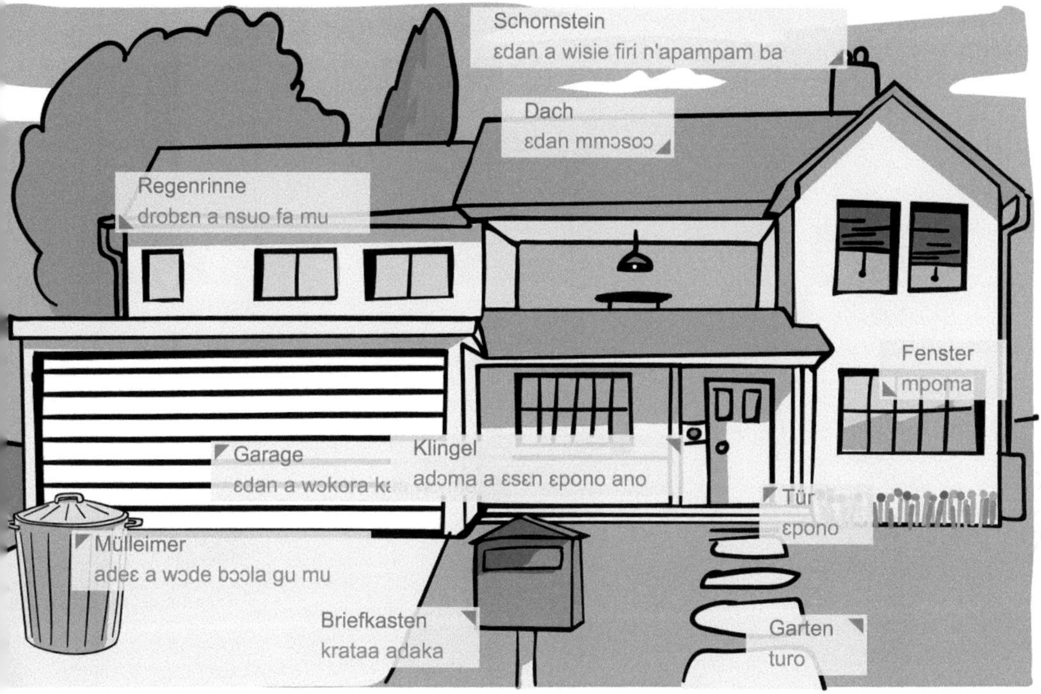

Schornstein
ɛdan a wisie firi n'apampam ba

Dach
ɛdan mmɔsoɔ

Regenrinne
droben a nsuo fa mu

Fenster
mpoma

Garage
ɛdan a wɔkora kɛ

Klingel
adɔma a ɛsɛn ɛpono ano

Tür
ɛpono

Mülleimer
adeɛ a wɔde bɔɔla gu mu

Briefkasten
krataa adaka

Garten
turo

Wohnzimmer
ɛdan a wɔtena mu

Badezimmer
adwareɛ

Küche
gyaade

Schlafzimmer
piam

Kinderzimmer
abɔfra dan mu

Esszimmer
ɛdan a wɔdidi wɔ mu

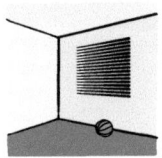

Boden
fam

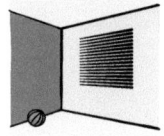

Wand
ɛban

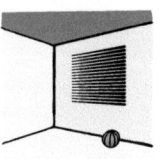

Decke
siilin

Keller
ɛdan a ɛhyɛ fam

Sauna
beaɛ a wɔkɔto hyew

Balkon
pɔɔkye

Terrasse
asaase a wafuntum na wɔde dua nnɔbaeɛ

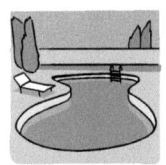

Schwimmbad
nsuo a wɔdware mu

Rasenmäher
afidie a wɔde dɔ

Bettbezug
krataa

Bettdecke
nnasoɔ

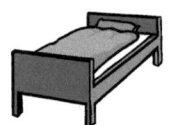

Bett
mpa

Besen
praeɛ

Eimer
bɔkiti

Schalter
deɛ wɔde sɔ kanea

Haus - efie

Wohnzimmer
ɛdan a wɔtena mu

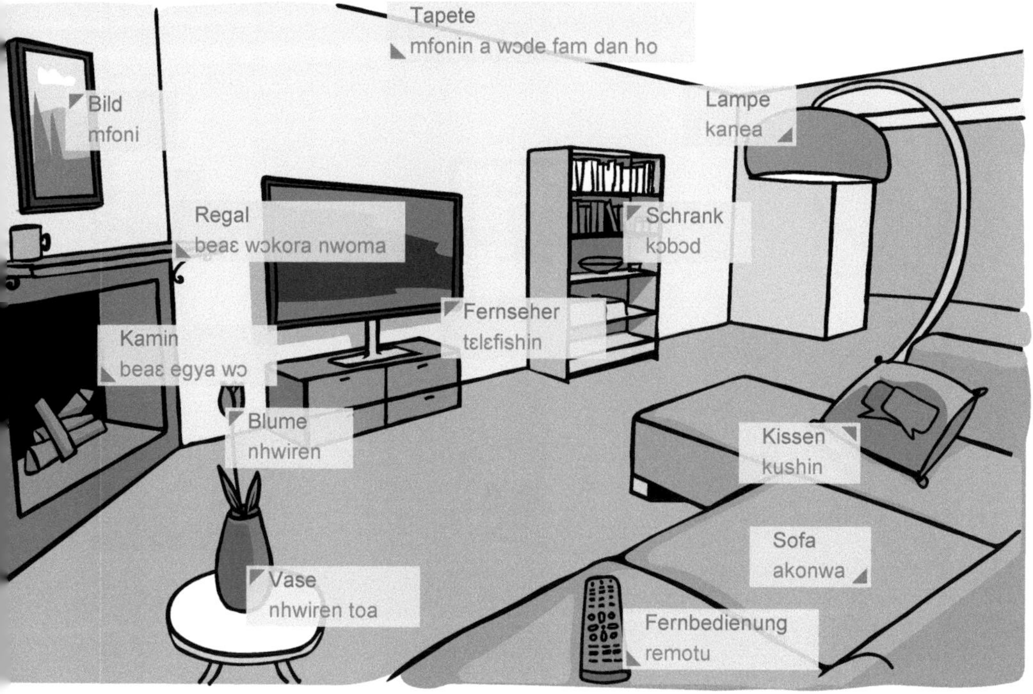

- Tapete — mfonin a wɔde fam dan ho
- Bild — mfoni
- Lampe — kanea
- Regal — beaɛ wɔkora nwoma
- Schrank — kɔbɔd
- Kamin — beaɛ egya wɔ
- Fernseher — tɛlɛfishin
- Blume — nhwiren
- Kissen — kushin
- Vase — nhwiren toa
- Sofa — akonwa
- Fernbedienung — remotu

Teppich
kapɛt

Vorhang
kɛtin

Tisch
pono

Stuhl
akonwa

Schaukelstuhl
akonwa aa ɛkɔ anim ne akyi

Sessel
nsaakonwa

Buch
nwoma

Decke
kuntu

Dekoration
beaɛ asiesie

Feuerholz
egya

Film
mfoni

Stereoanlage
hi-fi afidie

Schlüssel
safoa

Zeitung
dawurubɔ krataa

Gemälde
akaado

Poster
mfoni

Radio
akasanoma

Notizblock
nwoma a wɔtwerɛ nsɛmpɔ gu mu

Staubsauger
afidie a wɔde pra mfuturo

Kaktus
cactus

Kerze
kandele

34 Wohnzimmer - ɛdan a wɔtena mu

Küche
gyaade

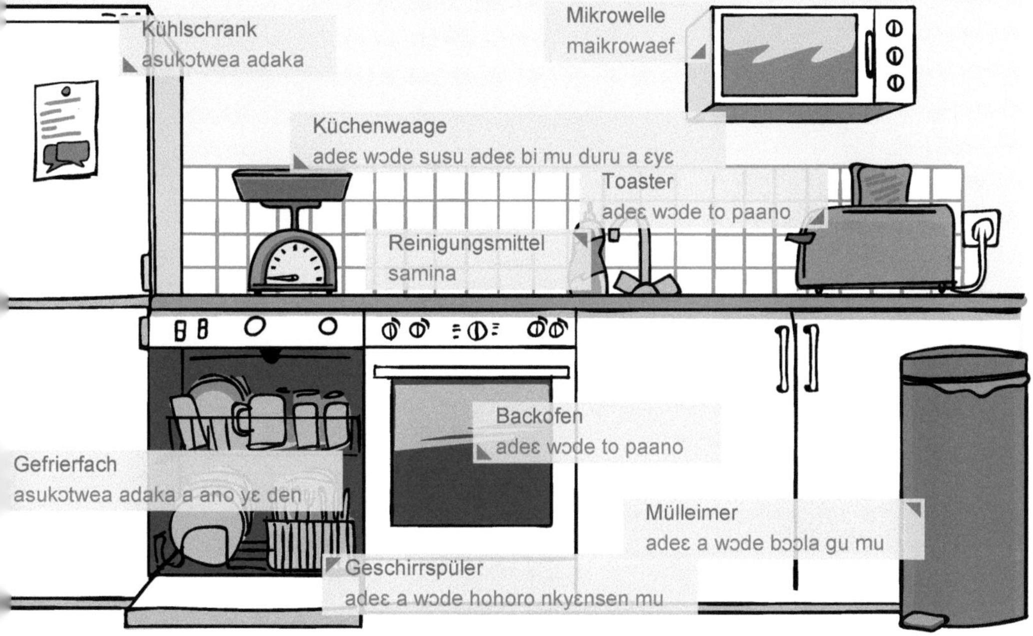

Kühlschrank
asukɔtwea adaka

Mikrowelle
maikrowaef

Küchenwaage
adeɛ wɔde susu adeɛ bi mu duru a ɛyɛ

Toaster
adeɛ wɔde to paano

Reinigungsmittel
samina

Backofen
adeɛ wɔde to paano

Gefrierfach
asukɔtwea adaka a ano yɛ den

Mülleimer
adeɛ a wɔde bɔɔla gu mu

Geschirrspüler
adeɛ a wɔde hohoro nkyɛnsen mu

Herd
deɛ a wɔde noa aduane

Topf
kukuo

Eisentopf
dadesɛn

Wok / Kadai
wok / kadai

Pfanne
pan

Wasserkocher
adeɛ wɔde noa nsuo

Küche - gyaade

Dampfgarer
nea yɛde ka aduane hye

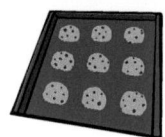
Backblech
adeɛ wɔto so paano

Geschirr
nkyɛnsen a wɔdidi mu

Becher
kuruwa

Schale
kyɛnsen

Essstäbchen
nnua a wɔde didie

Suppenkelle
kwantere

Pfannenwender
atere

Schneebesen
adeɛ wɔde nu adeɛ mu

Kochsieb
sɔneɛ

Sieb
sɔneɛ

Reibe
adeɛ a wɔde twi adeɛ

Mörser
waduro

Grill
adeɛ a wɔde toto nam

Feuerstelle
egya a biribiara mmɔ ho ban

Küche - gyaade

Schneidebrett

deɛ a wɔtwitwa so nnooma

Nudelholz

adea wɔde twi nnooma

Korkenzieher

adeɛ a wɔde tu toa ano

Dose

konku

Dosenöffner

adeɛ wɔde bie konku so

Topflappen

nea yɛde sɔ kukuo mu

Waschbecken

deɛ a wɔhohoro nkyɛnse wɔ mu

Bürste

adeɛ a wɔde twitwi

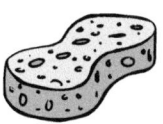

Schwamm

sapɔ

Mixer

fidie wɔde yam nnuane

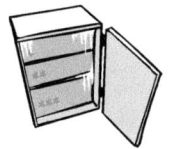

Gefriertruhe

asukɔtwea adaka a ano yɛ den

Babyflasche

abɔfra toa

Wasserhahn

nsuo

Küche - gyaade

Badezimmer
adwareɛ

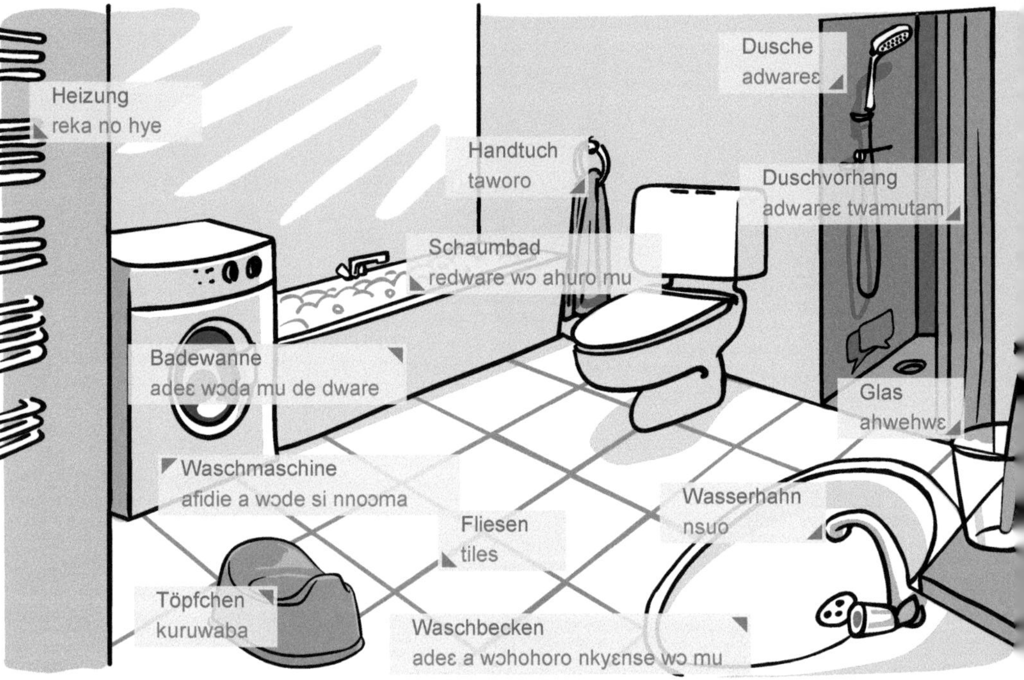

- **Dusche** — adwareɛ
- **Heizung** — reka no hye
- **Handtuch** — taworo
- **Duschvorhang** — adwareɛ twamutam
- **Schaumbad** — redware wɔ ahuro mu
- **Badewanne** — adeɛ wɔda mu de dware
- **Glas** — ahwehwɛ
- **Waschmaschine** — afidie a wɔde si nnooma
- **Wasserhahn** — nsuo
- **Fliesen** — tiles
- **Töpfchen** — kuruwaba
- **Waschbecken** — adeɛ a wɔhohoro nkyɛnse wɔ mu

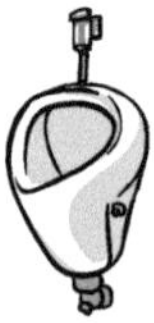

Toilette	Hocktoilette	Bidet
agyananbea	agyananbea a wɔkotoso	 bidet

Pissoir	Toilettenpapier	Toilettenbürste
dwonsɔbea	tiafi krataa	adeɛ a wɔde twitwi agyanbea

Badezimmer - adwareɛ

Zahnbürste

adeɛ wɔde twitwiri ɛse

Zahnpasta

aduro wɔde twitwiri ɛse

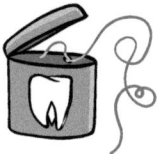

Zahnseide

adeɛ wɔde yiyi ɛse ntam

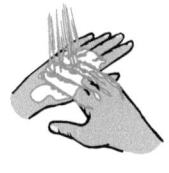

waschen

si

Handbrause

adeɛ wɔsɔ mu de dware

Intimdusche

adeɛ nsuo fa mu na wɔde hohoro mmaa ase

Waschschüssel

adeɛ wɔsi nnooma wɔ mu

Rückenbürste

adeɛ wɔde twitwi yakyi

Seife

samina

Duschgel

adwareɛ samina

Shampoo

deɛ wɔde hohoro tirinwii mu

Waschlappen

ntoma wɔde asaawa na ayɛ

Abfluss

nsuokwan

Creme

nkuu

Deodorant

aduro a wɔde fa mmɔtoamu

Badezimmer - adwareɛ

Spiegel

ahwehwɛ

Kosmetikspiegel

ahwehwɛ kumaa

Rasierer

yiwan

Rasierschaum

aduro a wɔde yi

Rasierwasser

aduro a wɔde sera beaɛ wayi

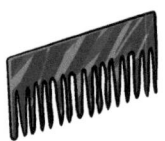

Kamm

afe

Bürste

brɔsh

Föhn

afidie a wɔde ka nwii ma no wo

Haarspray

adeɛ wɔde aduro gu mu de gu nwii so

Makeup

adeɛ wɔde yɛn wɔn anim

Lippenstift

adeɛ wɔde keka ano

Nagellack

aduro a wɔde ka mmɔwerɛ so

Watte

asaawa

Nagelschere

apasoɔ a wɔde twitwa mmɔwerɛ

Parfum

aduham

Badezimmer - adwareɛ

Kulturbeutel

ahage a wɔde nnoɔma gu
mu wɔ adwareɛ

Hocker

akonwa

Waage

afidie a wɔde susu adeɛ bi
mu duro

Bademantel

ataadeɛ wɔhyɛ berɛ a
wɔrekɔdware

Gummihandschuhe

adeɛ wɔde hyɛ wɔn nsa a
wɔde rɔba na ayɛ

Tampon

adeɛ wɔde twe nsuo firi
pirakuro mu

Damenbinde

mmaa de siesie wɔn ho
berɛ wɔn abu wɔn nsa

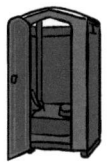

Chemietoilette

agyananbea a wɔde nnuro
kora

Badezimmer - adwareɛ

Kinderzimmer
abɔfra dan mu

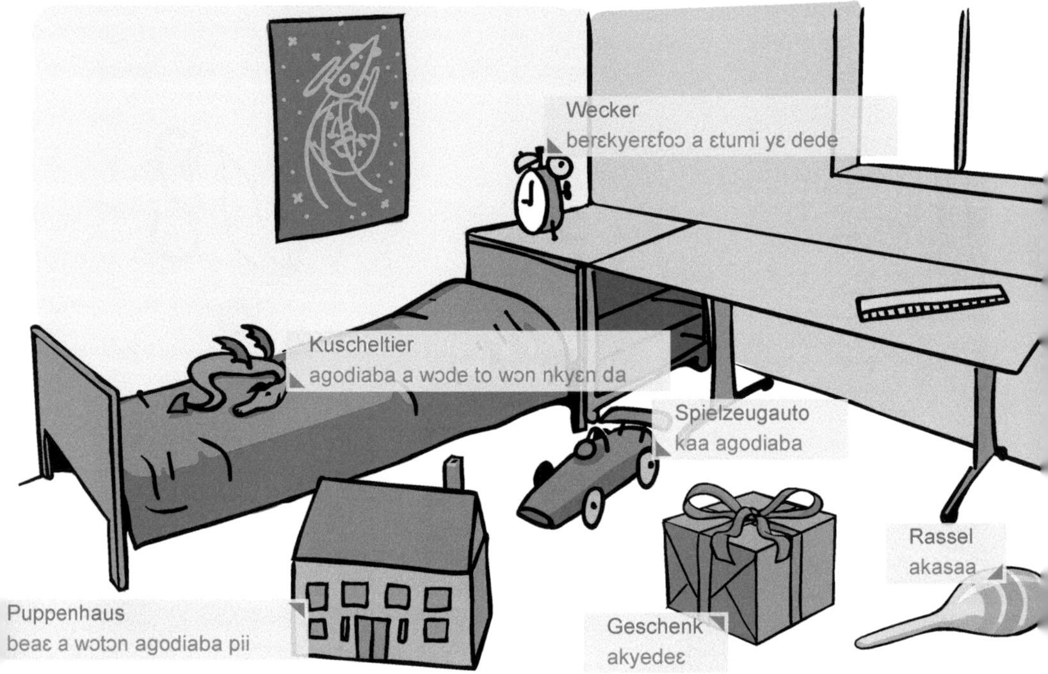

Wecker — berɛkyerɛfoɔ a ɛtumi yɛ dede

Kuscheltier — agodiaba a wɔde to wɔn nkyɛn da

Spielzeugauto — kaa agodiaba

Rassel — akasaa

Puppenhaus — beaɛ a wɔtɔn agodiaba pii

Geschenk — akyedeɛ

Ballon
baluu

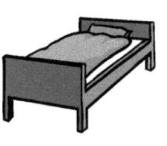

Bett
mpa

Kinderwagen
adeɛ a wɔde mmɔfra to mu pia wɔn

Kartenspiel
nkrataa a ɛhyɛ adaka mu

Puzzle
mfonin asiniasini a wɔkeka si ani hyehyɛ

Comic
mmɔfra aseresɛm nwoma

Legosteine
lego bricks

Bausteine
blɔks a wɔde si dan

Action Figur
mmɔfra agodiaba

Strampelanzug
mmɔfra ataade a wɔayɛ abɔ mu

Frisbee
frisbee

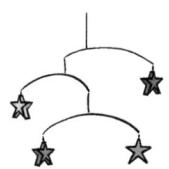

Mobile
agodiaba a wɔde sensɛne mmɔfra mpa so

Brettspiel
agorɔ a ɛwɔ pono so

Würfel
ludu aba

Modelleisenbahn
ketekye ketewa

Schnuller
adeɛ a wɔde hyɛ mmɔfra anumu

Party
apontoɔ

Bilderbuch
krataa mfonin wɔ mu

Ball
bɔɔlo

Puppe
agodiaba

spielen
di agorɔ

Kinderzimmer - abɔfra dan mu

Sandkasten

adeɛ wɔde anwea agu mu a mmɔfra di mu agorɔ

Schaukel

adonko

Spielzeug

agodiaba

Spielkonsole

afidie abɛɛfo agodie wɔ so a wɔbɔ

Dreirad

dadepɔnkɔ a ne nan yɛ mmiensa

Teddy

sisire agodiaba

Kleiderschrank

wɔdrop

Kleidung
ataadeɛ

Socken

adeɛ a wɔhyɛ ansa na wahyɛ mpaboa

Strümpfe

ataade tenten a wɔhyɛ wɔ wɔn nan ho

Strumpfhose

ataadeɛ a ɛkyekyere deɛ wahyɛ no

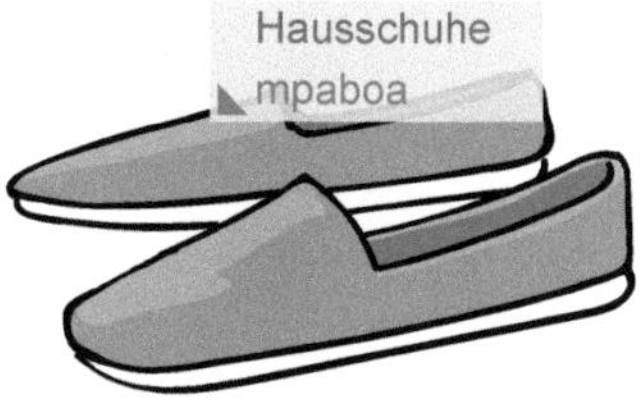

Schal
duku

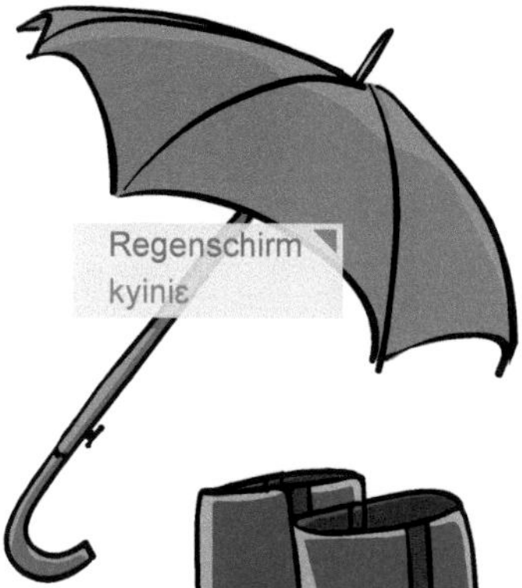

Regenschirm
kyiniɛ

T-Shirt
ataadeɛ

Gürtel
abɔɔmu

Stiefel
mpaboa

Hausschuhe
mpaboa

Turnschuhe
mpaboa

Sandalen
mpaboa

Schuhe
mpaboa

Gummistiefel
rɔba mpaboa

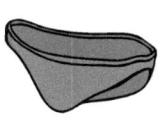

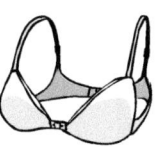

Unterhose
drɔs

Büstenhalter
adeɛ mmaa hyɛ de kora
wɔn nufu

Unterhemd
fɛst

Kleidung - ataadeɛ

Body

nipadua

Hose

trɔsa

Jeans

gyins

Rock

skɛɛte

Bluse

mmaa ataade soro

Hemd

ataadesoro

Pullover

swata

Kapuzenpullover

ataadeɛ a ɛkyɛ wɔ mu

Blazer

kootu

Jacke

ataade ngusoɔ

Mantel

kootu

Regenmantel

ataadeɛ wɔhyɛ berɛ nsuo retɔ

Kostüm

ataadehyɛ

Kleid

ataadeɛ

Hochzeitskleid

ayifrɔ atadeɛ

Kleidung - ataadeɛ

Anzug

ataade nkatasoɔ

Nachthemd

ataadeɛ a yɛhyɛ de da

Schlafanzug

pigyamas

Sari

sari

Kopftuch

duku

Turban

duku

Burka

adeɛ Nkramofoɔ mmaa
ɛ na ɛkata wɔn tiri so de
kɔsi wɔn nan ase

Kaftan

kaftan

Abaya

abaya

Badeanzug

adeɛ a wɔhyɛ de dware
nsuo mu

Badehose

nika

Kurze Hose

nika

Trainingsanzug

traksuit

Schürze

ntoma a wɔde kata wɔn
kɔnmu berɛ wɔreyɛ aduane

Handschuhe

adeɛ wɔde hyɛ wɔn nsa

Kleidung - ataadeɛ

Knopf

batin

Brille

ahwehwɛniwa

Armband

adeɛ wɔde to wɔn nsa

Halskette

kɔnmuade

Ring

kawa

Ohrring

asomadeɛ

Mütze

ɛkyɛ

Kleiderbügel

adeɛ a wɔde kootu hyɛ so

Hut

ɛkyɛ

Krawatte

abɔɔmenemu

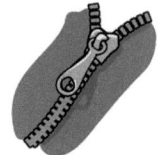

Reißverschluss

zip

Helm

ɛkyɛ a wɔhyɛ de twi motosakre

Hosenträger

bresis

Schuluniform

sukuu ataadeɛ

Uniform

ataadeɛ

Kleidung - ataadeɛ

Lätzchen
deɛ a wɔde gu abɔfra kɔn mu berɛ a wɔredidi

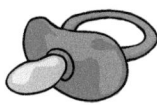
Schnuller
adeɛ a wɔde hyɛ mmɔfra anumu

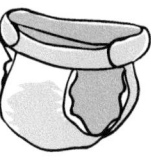
Windel
moase tam

Büro
ɔfise

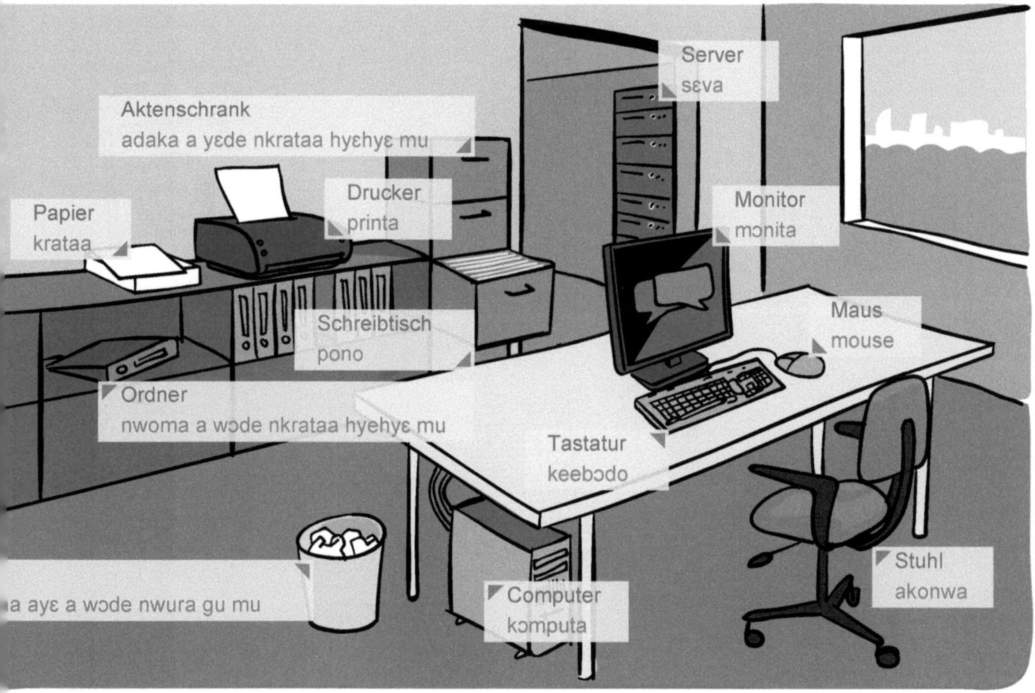

- Aktenschrank — adaka a yɛde nkrataa hyɛhyɛ mu
- Server — sɛva
- Papier — krataa
- Drucker — printa
- Monitor — monita
- Schreibtisch — pono
- Maus — mouse
- Ordner — nwoma a wɔde nkrataa hyɛhyɛ mu
- Tastatur — keebɔdo
- Stuhl — akonwa
- a ayɛ a wɔde nwura gu mu
- Computer — komputa

Kaffeebecher
kɔfe kuruwa

Taschenrechner
afidie a wɔde bu nkɔnta

Internet
intanɛt

Laptop	Brief	Nachricht
laptɔp	krataa	nkratoɔ

Handy	Netzwerk	Kopierer
mobile	nɛtwɛk	fotokɔpia

Software	Telefon	Steckdose
sɔftwɛɛ	tetefon	plɔg sɔkɛti
	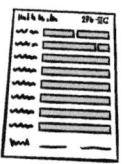	
Fax	Formular	Dokument
fax afidie	krataa	krataa

Büro - ɔfise

Wirtschaft
sikasem

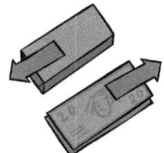
kaufen
tɔ

bezahlen
tua

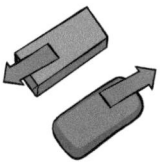
handeln
tɔn

Geld
sika

Dollar
dollar

Euro
euro

Yen
yen

Rubel
rouble

Franken
Swiss franc

Renminbi Yuan
renminbi yuan

Rupie
rupee

Geldautomat
sikabea

Wechselstube
baabi aa yɛsesa

Gold
sikakɔkɔɔ

Silber
dwetɛ

Öl
ngo

Energie
ahoɔden

Preis
ne boɔ

Vertrag
nteaseɛ a ɛwɔ krataa so

Steuer
ɛtoɔ

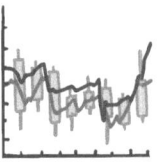
Aktie
stock

arbeiten
yɛ adwuma

Angestellter
odwumayɛni

Arbeitgeber
obi a wafa obi adwumamu

Fabrik
afidihyehyɛbea

Geschäft
beaɛ a wɔtɔn adeɛ

Berufe
nnwuma ahodoɔ

Polizist
polisini

Feuerwehrmann
gyadumni

Koch
obi a wɔnoa aduane

Arzt
dɔkota

Pilot
obi a wɔtwi ewiemhyɛn

Gärtner
kuani

Tischler
nnuaseni

Näherin
ɔbaa a wɔpam adeɛ

Richter
otɛnmuani

Chemiker
dufrani

Schauspieler
siniyifoɔ

Busfahrer

hyɛnkani

Taxifahrer

taxi drɔba

Fischer

ɔfarifo

Putzfrau

ɔbaa wɔpopa beaɛ

Dachdecker

obi a wɔbɔ dan so

Kellner

barima a wɔsom wɔ beaɛ a wɔtɔn aduane

Jäger

ɔbɔmɔfo

Maler

obi wɔde akaado keka ɛden ne nnoɔma aka ho

Bäcker

brodotofo

Elektriker

obi a wɔyɛ nkaneɛ ho adwuma

Bauarbeiter

dansifo

Ingenieur

obi a wɔyɛ mfidie akɛseɛ ho adwuma

Schlachter

namtɔnfo

Klempner

obi a wɔhyehyɛ drobɛn a nsuo fa mu

Postbote

obi a wɔde nkrataa a amanfoɔ atwerɛ soma no

Berufe - nnwuma ahodoɔ

Soldat
ɔsrani

Architekt
obi a wɔyɛ adansie ho adwuma

Kassierer
obi a wɔhwɛ sika so

Florist
obi a wɔtɔn nhwiren

Friseur
obi a wɔyɛ tire

Schaffner
deɛ wɔgyegye sika wɔ ɛhyɛn mu

Mechaniker
obi a wɔsiesie ɛhyɛn

Kapitän
panin

Zahnarzt
dɔkota a wɔhwɛ se

Wissenschaftler
abodeɛmu nyasapɛni

Rabbi
ɔkyerɛkyerɛni

Imam
imam

Mönch
monk

Geistlicher
sofo

Berufe - nnwuma ahodoɔ 55

Werkzeuge
akadeɛ

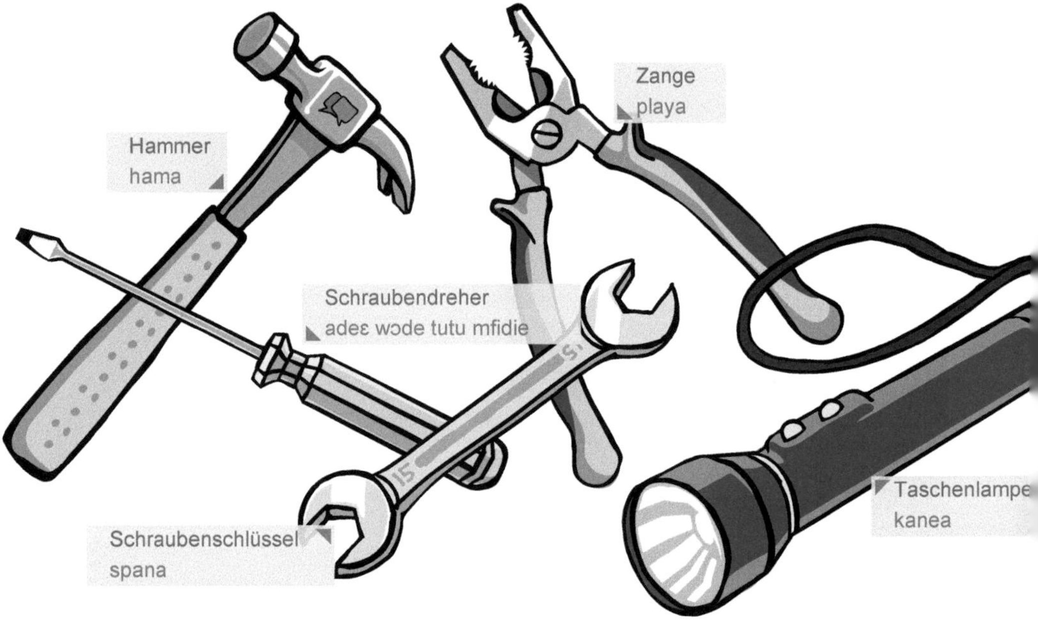

Hammer
hama

Zange
playa

Schraubendreher
adeɛ wɔde tutu mfidie

Schraubenschlüssel
spana

Taschenlampe
kanea

Bagger

afidie a wɔde tu fam

Werkzeugkasten

adaka a wɔde nnooma a wɔde yɛ adwuma gu mu

Leiter

atwedeɛ

Säge

sradaa

Nägel

nnadowa

Bohrer

afidie a wɔde mmia nnooma mu

reparieren
siesie

Schaufel
sofi

Mist!
Yieee!

Kehrblech
asesa nwura

Farbtopf
akaado kora

Schrauben
dadeɛ wɔde bobɔ nnooma mu

Musikinstrumente
mfidie a wɔde bɔ nnwom

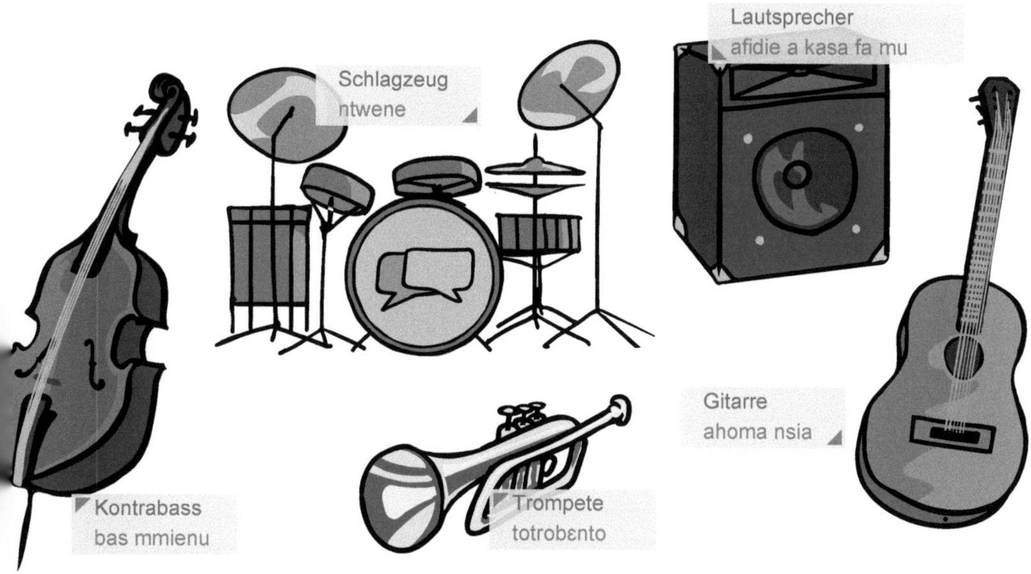

Schlagzeug
ntwene

Lautsprecher
afidie a kasa fa mu

Kontrabass
bas mmienu

Trompete
totrobɛnto

Gitarre
ahoma nsia

Klavier	Violine	Bass
sankuo	sankuo	ahoma nsia

Pauke	Trommeln	Keyboard
timpani	ntwene	sankuo

Saxophon	Flöte	Mikrofon
sasofon	trobɛnto	akasanoma

Zoo
mmoakurabea

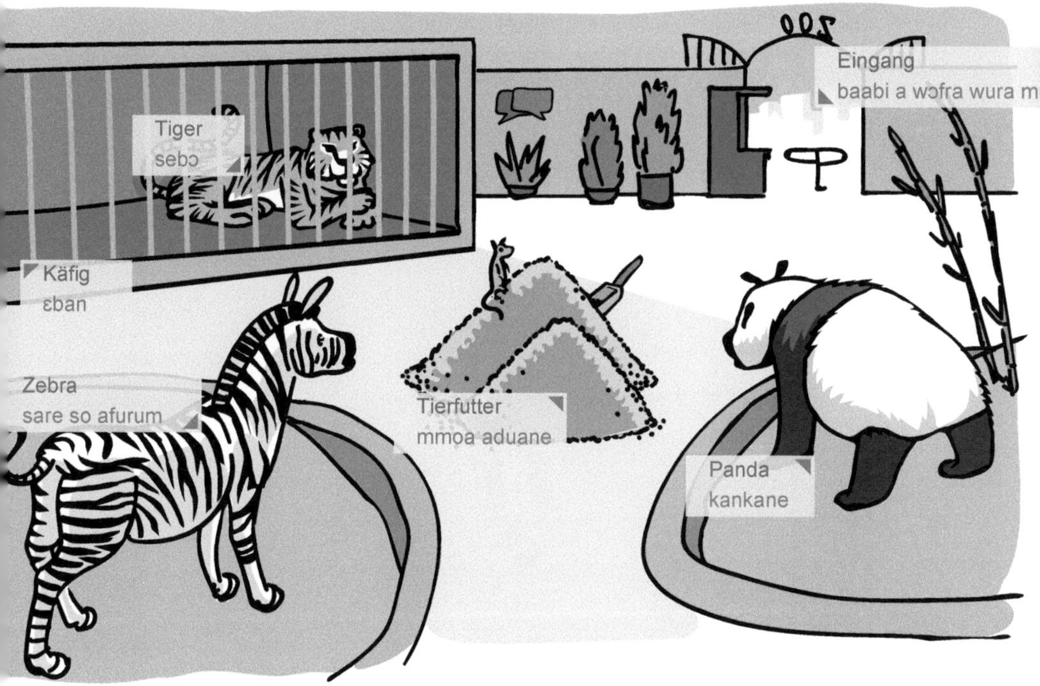

Eingang
baabi a wɔfra wura m

Tiger
sebɔ

Käfig
ɛban

Zebra
sare so afurum

Tierfutter
mmoa aduane

Panda
kankane

Tiere
mmoa

Elefant
ɔsono

Känguru
kangaroo

Nashorn
bɛnkorɔ

Gorilla
akaatia

Bär
sisire

Kamel
yoma

Strauß
sohori

Löwe
gyata

Affe
kontromfi

Flamingo
asukɔnkɔn

Papagei
ako

Eisbär
sisire

Pinguin
penguin

Hai
oboodede

Pfau
kohaa

Schlange
ɔwɔ

Krokodil
dɛnkyɛm

Zoowärter
mmoasohwɛfo

Robbe
sukraman

Jaguar
sebɔ

Zoo - mmoakurabea

Pony
pɔnkɔ ketewa

Leopard
etwie

Nilpferd
susono

Giraffe
kɔntenten

Adler
ɔkɔdeɛ

Wildschwein
kɔkɔte

Fisch
nsuomunam

Schildkröte
sudanda

Walross
sukraman

Fuchs
sakraman

Gazelle
adowa

Zoo - mmoakurabea

Sport
agokansie

Aktivitäten
dwumadie ahodoɔ

springen — huri
lachen — sre
umarmen — fam
gehen — nante
singen — to nwom
träumen — so daeɛ
beten — bɔ mpaeɛ
küssen — fe ano

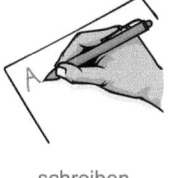

schreiben
twerɛ

zeichnen
dwidwi

zeigen
kyerɛ

drücken
pia

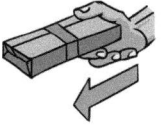

geben
ma

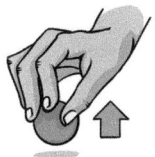

nehmen
fa

haben
gye

tun
yɛ

sein
yɛ

stehen
gyina

laufen
tu mirika

ziehen
twe

werfen
to

fallen
tɔ fam

liegen
twa ntorɔ

warten
twɛn

tragen
soa

sitzen
tena ase

anziehen
hyɛ atadeɛ

schlafen
da

aufwachen
sɔre

ansehen
hwɛ

weinen
su

streicheln
fa wo nsa fefa ho

kämmen
nunu wotirim

reden
kasa

verstehen
te aseɛ

fragen
bisa

hören
tie

trinken
nom

essen
didi

aufräumen
siesie

lieben
dɔ

kochen
noa

fahren
ka kaa

fliegen
tu

Aktivitäten - dwumadie ahodoɔ

segeln
ka

rechnen
bo ho nkonta

lesen
kan

lernen
sua

arbeiten
yɛ adwuma

heiraten
ware

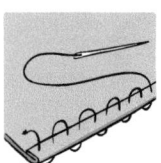
nähen
pam

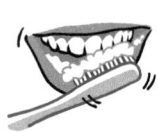
Zähne putzen
twitwi wo se

töten
kum

rauchen
hye

senden
soma

Aktivitäten - dwumadie ahodoɔ

Familie
abusua

- Großmutter — nanabaa
- Großvater — nana barima
- Vater — papa
- Mutter — maame
- Baby — abɔfra
- Tochter — babaa
- Sohn — babarima

Gast
ɔhɔhoɔ

Tante
sewaa

Onkel
wɔfa

Bruder
nua barima

Schwester
nuabaa

Körper
nipadua

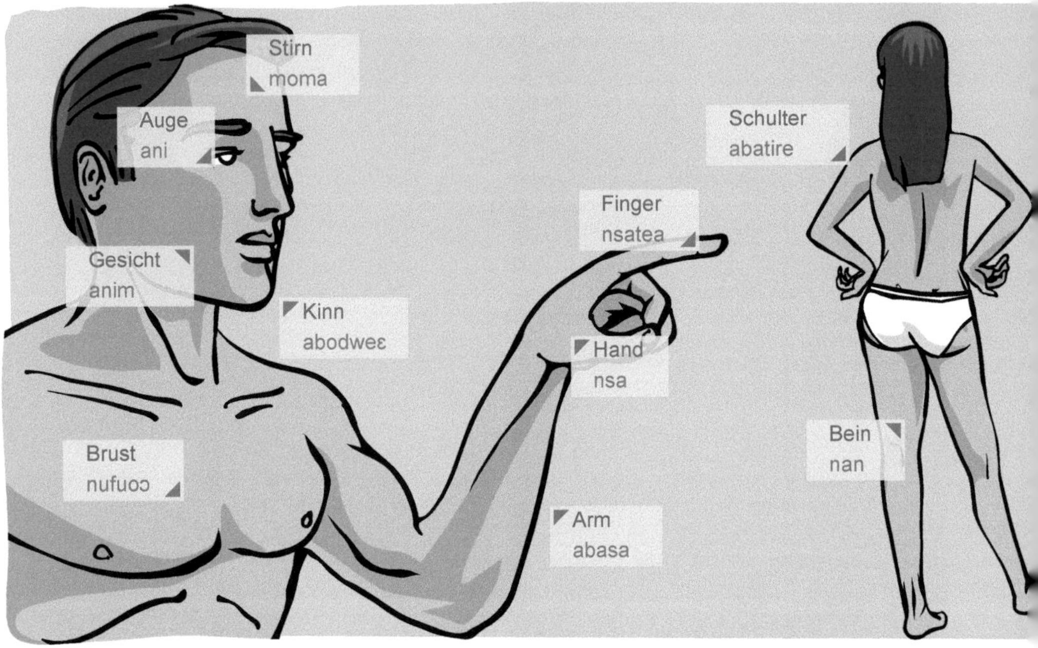

- Stirn — moma
- Auge — ani
- Gesicht — anim
- Kinn — abodwea
- Brust — nufuoɔ
- Schulter — abatire
- Finger — nsatea
- Hand — nsa
- Bein — nan
- Arm — abasa

Baby
abɔfra

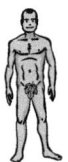

Mann
barima

Frau
ɔbaa

Mädchen
abaayewa

Junge
abarimaa

Kopf
ɛtire

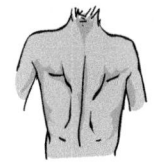

Rücken
akyi

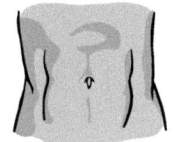

Bauch
yafunu

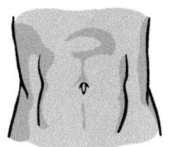

Nabel
furuma

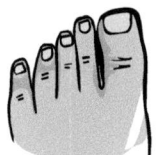

Zeh
nansoa

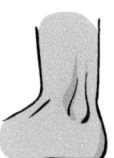

Ferse
nantini

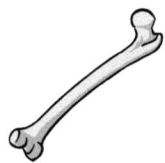

Knochen
dompe

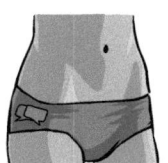

Hüfte
sisi

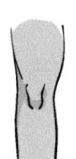

Knie
kotodwe

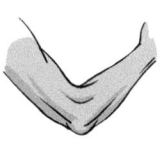

Ellenbogen
abatwerɛ

Nase
hwene

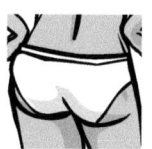

Gesäß
ɛtoɔ

Haut
wedeɛ

Wange
afono

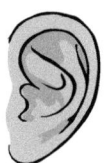

Ohr
aso

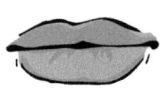

Lippe
ano

Körper - nipadua

Mund
ano

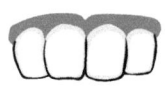
Zahn
ɛse

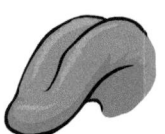
Zunge
tɛkyerɛma

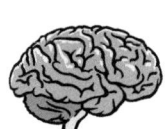
Gehirn
adwene

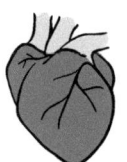
Herz
akoma

Muskel
honam

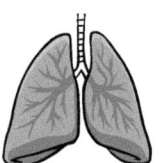
Lunge
ahrawa

Leber
brɛboɔ

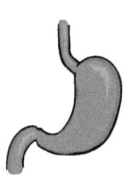
Magen
afuro

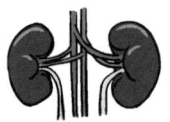
Nieren
sawa

Geschlechtsverkehr
barima ne ɔbaa nna mu nhyiamu

Kondom
kɔndɔm

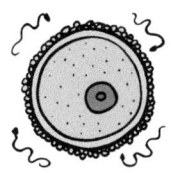
Eizelle
nkosua a ɛwɔ obaa mu

Sperma
barima ho nsuo

Schwangerschaft
nyinsɛn

Körper - nipadua

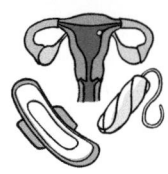		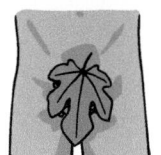
Menstruation	Vagina	Penis
brayɔ	ɛtwɛ	kɔteɛ
		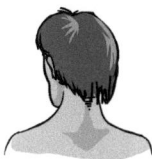
Augenbraue	Haar	Hals
aniakyi nwii	nwii	kɔn

Körper - nipadua

Krankenhaus
asopiti

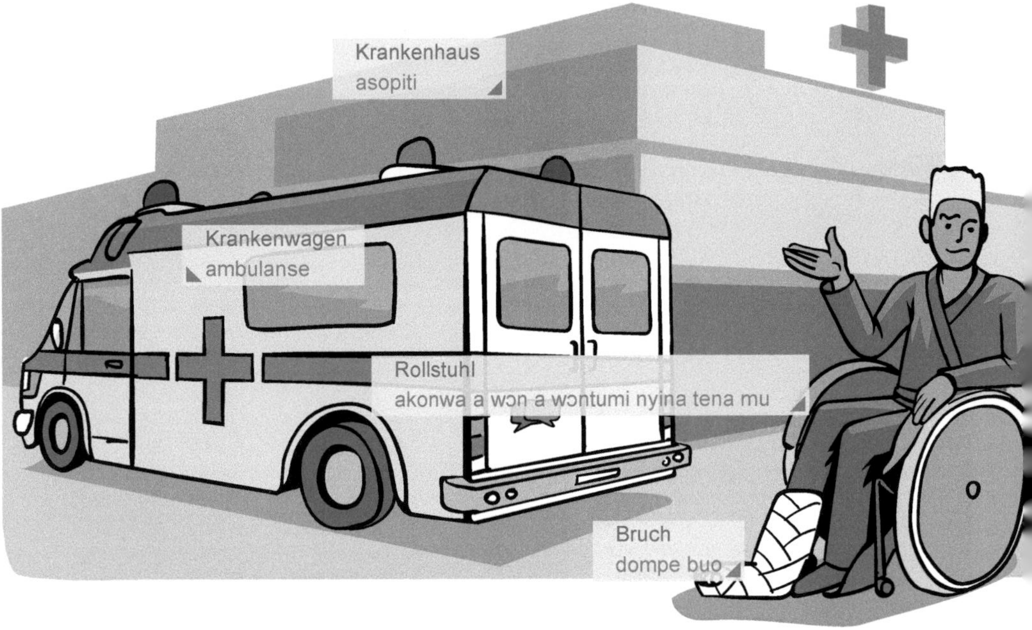

Krankenhaus
asopiti

Krankenwagen
ambulanse

Rollstuhl
akonwa a wɔn a wɔntumi nyina tena mu

Bruch
dompe buo

Arzt

dɔkota

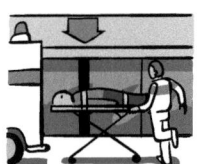

Notaufnahme

ɛdan a wɔde wɔn a wɔn
apira kɔ mu kɔhwɛ wɔn
ɔhare so

Krankenschwester

nɛɛse

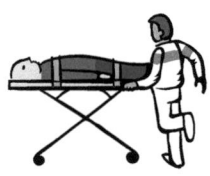

Notfall

putupru

ohnmächtig

fenti

Schmerz

yaw

Verletzung
pira

Blutung
mogyatuo

Herzinfarkt
akoma yareɛ

Schlaganfall
nwodwoɔ yareɛ

Allergie
adeɛ wo honam mpɛ

Husten
ɛwa

Fieber
ahoɔhyeɛ

Grippe
papu

Durchfall
ayɛmhwie

Kopfschmerzen
tiripayɛ

Krebs
kokoram

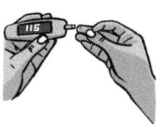

Diabetis
asikyire yareɛ

Chirurg
kotani wɔpaepae obi sa no yareɛ

Skalpell
sekamma

Operation
repaepae obi ho asa no yareɛ

Krankenhaus - asopiti

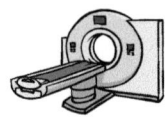

CT
CT

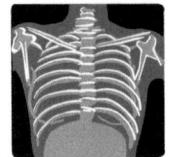

Röntgen
x-ray

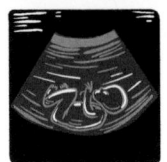

Ultraschall
mfonin a wɔtwa de hwɛ awodeɛ mu

Maske
anim nkatadeɛ

Krankheit
yareɛ

Wartezimmer
dan aa yɛtwɛn wɔ mu

Krücke
klɔkye

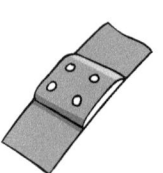

Pflaster
plasta

Verband
bandege

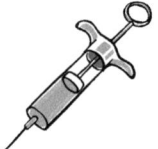

Injektion
paneɛ

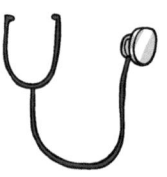

Stethoskop
afidie a wɔde tie dede wɔ nnipa ho

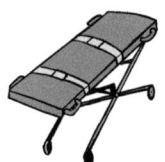

Trage
mpa

Thermometer
afidie wɔde hwɛ ahoɔhyeɛ

Geburt
awoɔ

Übergewicht
kɛseyɛ mmorosoɔ

Krankenhaus - asopiti

Hörgerät	Desinfektionsmittel	Infektion
afidie a ɛboa ma obi te asɛm yie	aduro a wɔde ko tia yaremmoa batɛria	yareɛ nsaeɛ

Virus	HIV / AIDS	Medizin
yaremmoawa	HIV / AIDS	aduro
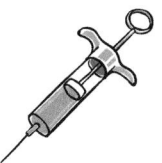	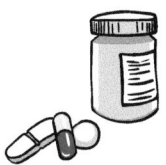	
Impfung	Tabletten	Pille
sianoaduru paneɛwɔ	nnuro a wɔmene	aduro a wɔmene

Notruf	Blutdruck-Messgerät	krank / gesund
putupru frɛ	afidie a wɔde hwɛ sɛdeɛ mogya di aforosane	yareɛ / ahuɔden

Krankenhaus - asopiti

Notfall
putupru

Hilfe!	Alarm	Überfall
Boa me!	alam	repira obi
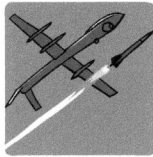		
Angriff	Gefahr	Notausgang
to hyɛ biribi so	amaneɛ	kwan a wɔfa so pue berɛ asɛm asi putupuru

Feuer!	Feuerlöscher	Unfall
Egya!	adeɛ a wɔde dum gya	akwanhyia
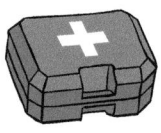		
Erste-Hilfe-Koffer	SOS	Polizei
mmoa a edikan akadeɛ	SOS	polisi

Erde
Ewiase

Europa

Europe

Nordamerika

North America

Südamerika

South America

Afrika

Africa

Asien

Asia

Australien

Australia

Atlantik

Atlantic

Pazifik

Pacific

Indischer Ozean

Indian Ocean

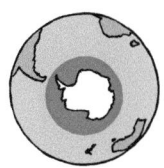

Antarktischer Ozean

Antartic Ocean

Arktischer Ozean

Arctic Ocean

Nordpol

North Pole

Südpol
South Pole

Antarktis
Atartica

Erde
Ewiase

Land
asaase

Meer
ɛpo

Insel
ɛpoano

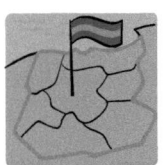
Nation
ɔman

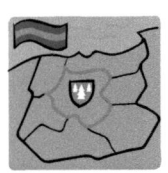
Staat
ɔman

Uhr
mmerɛ kyerɛfoɔ

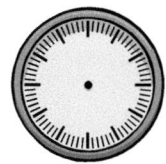

Zifferblatt

mmerɛ kyerɛfoɔ no anim

Stundenzeiger

dɔnhwere nsa

Minutenzeiger

sima nsa

Sekundenzeiger

anitɛtɛ nsa

Wie spät ist es?

Abɔ sɛn?

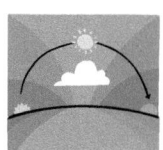

Tag

da

Zeit

mmerɛ

jetzt

seisei ara

Digitaluhr

abɛɛfo mmerɛ kyerɛfoɔ

Minute

sima

Stunde

dɔnhwere

Woche
nnawɔtwe

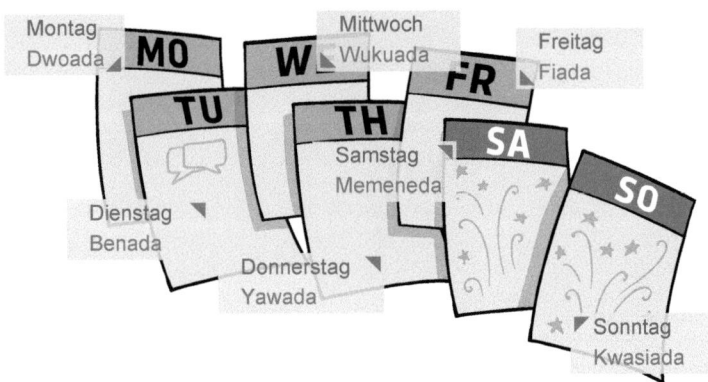

Montag — Dwoada
Mittwoch — Wukuada
Freitag — Fiada
Dienstag — Benada
Donnerstag — Yawada
Samstag — Memeneda
Sonntag — Kwasiada

gestern
ɛnora

heute
nnɛ

morgen
ɔkyena

Morgen
anɔpa

Mittag
awia

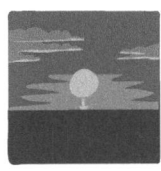

Abend
anwummerɛ

Arbeitstage
adwuma nna

Wochenende
nnawɔtwe awieɛ

Jahr

afe

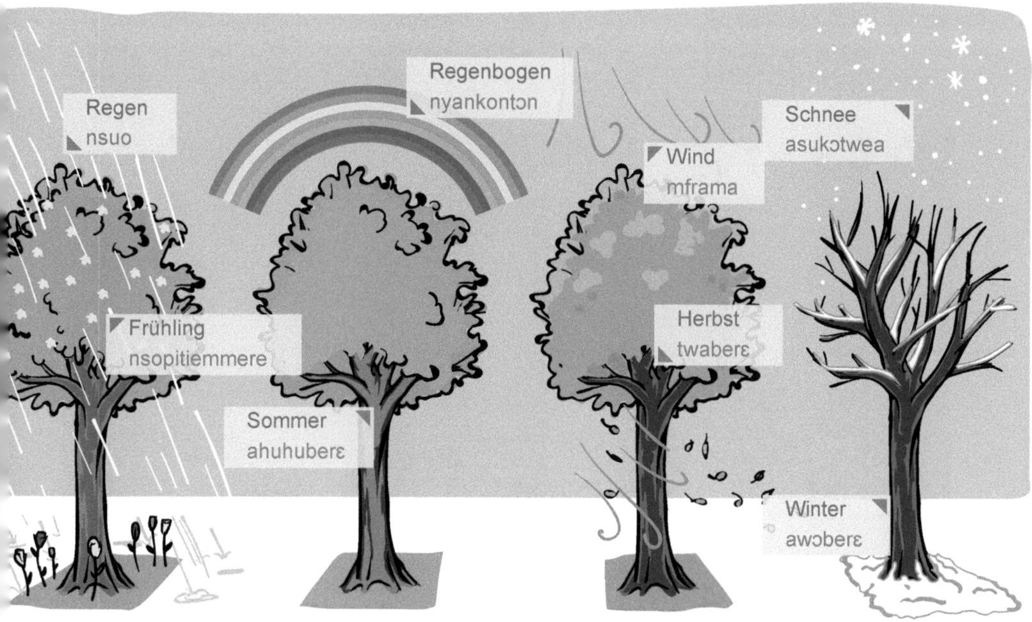

Regen
nsuo
Regenbogen
nyankontɔn
Schnee
asukɔtwea
Wind
mframa
Frühling
nsopitiemmere
Herbst
twaberɛ
Sommer
ahuhuberɛ
Winter
awɔberɛ

4.APRIL 11°
5.APRIL 4°
6.APRIL 13°
7.APRIL 8°
8.APRIL 10°

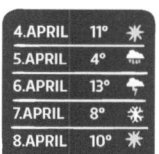

Wettervorhersage

ewiemu nsesaeɛ

F C
120 40
90 30
60 20
30 10
0 0
-30 -10
-20

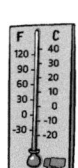

Thermometer

afidie a wɔde hwɛ ahoɔhyeɛ

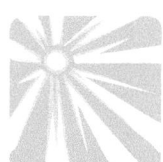

Sonnenschein

awiabɔ

Wolke

munumkum

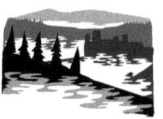

Nebel

ɛbɔ

Luftfeuchtigkeit

nsuo a ɛwɔ mframa mu

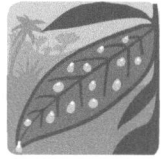

Blitz
ayerɛmo

Donner
agradaa

Sturm
nsuden ne mframa

Hagel
sukɔtwea

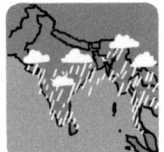

Monsun
mframa a ɛde nsuo ba

Flut
nsuyiri

Eis
asukɔtwea

Januar
Ɔpɛpɔn

Februar
Ɔgyefoɔ

März
Ɔbɛnem

April
Oforisuo

Mai
Kotonimaa

Juni
Ayɛwohumumɔ

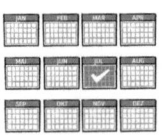

Juli
Kitawonsa

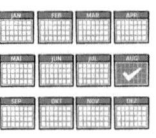

August
Ɔsanaa

Jahr - afe

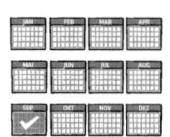

September

ɛbɔ

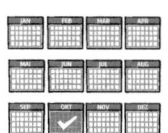

Oktober

Ahinime

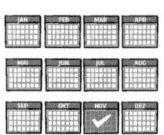

November

Obubuo

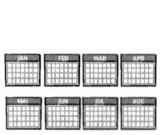

Dezember

Ɔpɛnimaa

Formen
bɔbea

Kreis

kanko

Quadrat

ahenanan

Rechteck

fasene

Dreieck

ahinasa

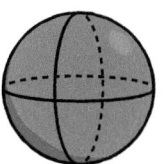

Kugel

kanko

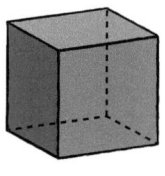

Würfel

ahenanan

Formen - bɔbea

Farben
ahosuo

weiß

fitaa

gelb

akokɔsradeɛ

orange

akokɔsradeɛ

pink

memen

rot

kɔkɔɔ

lila

beredum

blau

bibire

grün

ahabanmono

braun

dodoeɛ

grau

nson

schwarz

tuntum

Gegenteile
abirabɔ

viel / wenig

bebree / ketewa

wütend / friedlich

abufuo / brɛo

hübsch / hässlich

fɛfɛɛfɛ / tantantan

Anfang / Ende

ahyɛasee / awieɛ

groß / klein

kɛseɛ / ketewa

hell / dunkel

ɛhyerɛ / ɛdum

Bruder / Schwester

nua barima / nuabaa

sauber / schmutzig

ɛho te / ɛfi

vollständig / unvollständig

wawie / onwieeyɛ

Tag / Nacht

anopa / anadwo

tot / lebendig

wawu / ɔtease

breit / schmal

emu bue / emu mmueɛ

genießbar / ungenießbar

yetumi di / yentumi nni

böse / freundlich

bɔne / papa

aufgeregt / gelangweilt

anigyeɛ / w'ani nka

dick / dünn

kɛseɛ / hwea

zuerst / zuletzt

di kan / ka akyi

Freund / Feind

adanfo / atanfo

voll / leer

ayɛ ma / hwee nnimu

hart / weich

dendenden / mrɛmrɛmrɛ

schwer / leicht

emu ye duru / emu yɛ ha

Hunger / Durst

ɛkɔm / nsukɔm

krank / gesund

yareɛ / ahuɔden

illegal / legal

ɛnfa mmrakwanso / mmrakwanso

intelligent / dumm

nimdifo / gyimifo

links / rechts

benkum / nifa

nah / fern

ɛbɛn / ɛmu ware

Gegenteile - abirabɔ

neu / gebraucht
foforo / dada

nichts / etwas
ɛnyɛ hwee / biribi

alt / jung
panyin / abɔfra

an / aus
sɔ / dum

offen / geschlossen
bue / yatom

leise / laut
dinn / dede

reich / arm
sikani / ohiani

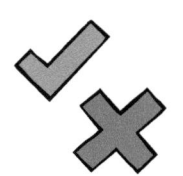

richtig / falsch
papa / bɔne

rau / glatt
wewerɛwewerɛ / tromtrom

traurig / glücklich
awerehoɔ / anigye

kurz / lang
tiatia / tentene

langsam / schnell
brɛoo / ntɛm

nass / trocken
afɔ / awo

warm / kühl
ɛyɛ hye / adwo

Krieg / Frieden
ntɔkwa / asomdwoe

Gegenteile - abirabɔ

Zahlen
nɔma

0 null
ohunu

1 eins
baako

2 zwei
mmienu

3 drei
mmiensa

4 vier
nan

5 fünf
num

6 sechs
nsia

7 sieben
nson

8 acht
nwɔtwe

9 neun
nkron

10 zehn
du

11 elf
du-baako

12	**13**	**14**
zwölf	dreizehn	vierzehn
du-mmienu	du-mmiensa	du-nan
15	**16**	**17**
fünfzehn	sechzehn	siebzehn
du-num	du-nsia	du-nson
18	**19**	**20**
achtzehn	neunzehn	zwanzig
du-nwɔtwe	du-nkron	aduonu
100	**1.000**	**1.000.000**
hundert	tausend	million
ɔha	apem	ɔpepe

Zahlen - nɔma

Sprachen
kasa ahodoɔ

Englisch
Brofo kasa

Amerikanisches Englisch
Amerika Brɔfo

Chinesisch Mandarin
Chinese Mandarin

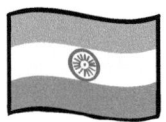

Hindi
Hindi

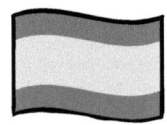

Spanisch
Spanish

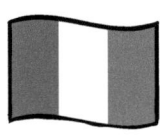

Französisch
French

Arabisch
Arabic

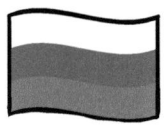

Russisch
Russian

Portugiesisch
Portuguese

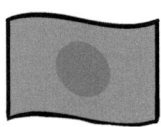

Bengalisch
Bengali

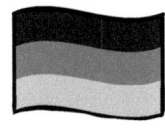

Deutsch
German

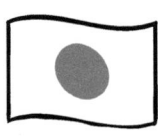

Japanisch
Japanese

wer / was / wie
hwan/aden/ sɛn

ich
me

du
wo

er / sie / es
ɔno

wir
yɛn

ihr
wo

sie
wɔn

wer?
hwan?

was?
aden?

wie?
sɛn?

wo?
ɛhefa?

wann?
dabɛn?

Name
din

wo
hefa

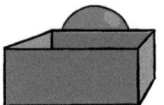

hinter

n'akyi

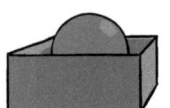

in

ɛmu

vor

wɔ n'anim

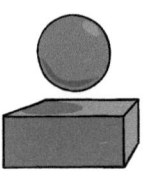

über

soro

auf

so

unter

aseɛ

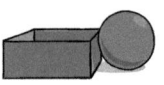

neben

nkyene

zwischen

ntam

Ort

fa hyɛ